TULSA CITY-COUNTY LIBRARY

mrjce
'9

Camiones de la basura

Julie Murray

MI COMUNIDAD: VEHÍCULOS

Abdo Kids

abdopublishing.com

Published by Abdo Kids, a division of ABDO, PO Box 398166, Minneapolis, Minnesota 55439. Copyright © 2017 by Abdo Consulting Group, Inc. International copyrights reserved in all countries. No part of this book may be reproduced in any form without written permission from the publisher.

Printed in the United States of America, North Mankato, Minnesota.

102016
012017

THIS BOOK CONTAINS RECYCLED MATERIALS

Spanish Translator: Maria Puchol

Photo Credits: iStock, Shutterstock

Production Contributors: Teddy Borth, Jennie Forsberg, Grace Hansen

Design Contributors: Candice Keimig, Dorothy Toth

Publisher's Cataloging-in-Publication Data

Names: Murray, Julie, author.

Title: Camiones de la basura / by Julie Murray.

Other titles: Garbage trucks. Spanish

Description: Minneapolis, MN : Abdo Kids, 2017. | Series: Mi comunidad: vehículos | Includes bibliographical references and index.

Identifiers: LCCN 2016947557 | ISBN 9781624026454 (lib. bdg.) | ISBN 9781624028694 (ebook)

Subjects: LCSH: Refuse collection vehicles--Juvenile literature. | Spanish language materials--Juvenile literature.

Classification: DDC 628.4/42--dc23

LC record available at http://lccn.loc.gov/2016947557

Contenido

Camión
de la basura 4

Partes de un camión
de la basura 22

Glosario 23

Índice 24

Código Abdo Kids . . . 24

Camión de la basura

Abby saca la basura.

¡Por ahí viene el camión!

El camión es grande.

Tiene ruedas grandes.

El conductor se sienta en la **cabina** y conduce el camión.

El camión para y recoge la basura.

Un elevador **carga** la basura y la deja en el contenedor.

Algunos camiones se **cargan** por detrás. Otros se cargan por delante. Algunos se cargan por los lados.

15

La basura se **aplasta** para que quepa más.

El camión va al basurero.

Ahí descarga la basura.

¿Has visto alguna vez un camión de basura?

Partes de un camión de la basura

cabina

elevador

contenedor

ruedas

Glosario

aplastar
presionar algo con tanta fuerza que se destruye.

cargar
meter algo en un lugar.

cabina
donde se sienta el conductor del camión de la basura.

Índice

basura 4, 10, 12, 16, 18

basurero 18

cabina 8

cargar 12, 14

conductor 8

contenedor 12

rueda 6

tamaño 6

abdokids.com

¡Usa este código para entrar en abdokids.com y tener acceso a juegos, arte, videos y mucho más!

Código Abdo Kids: MGK1309